Inhalt

Social Media - wie Unternehmen mit dem Phänomen strategisch erfolgreich umgehen

Kernthesen

Beitrag

Fallbeispiele

Weiterführende Literatur

Impressum

GENIOS WirtschaftsWissen Nr. 07 vom 29.07.2011

Social Media - wie Unternehmen mit dem Phänomen strategisch erfolgreich umgehen

Michaela Dengl

Kernthesen

- Der Einfluss der Social Media ist unbestritten. Aktuelle Studien belegen, dass immer mehr Unternehmen ihre Social Media Aktivitäten ausbauen.
- Allerdings haben die meisten Unternehmen keine oder nur eine unzureichende Social Media Strategie und unterschätzen die Risiken, wie beispielsweise Imageschäden.
- Eine erfolgreiche Social Media Strategie erfordert Richtlinien zur Nutzung der Plattformen.

Beitrag

Social Media gewinnen an Bedeutung

Aktuelle Studien zeigen, dass das Thema Social Media immer mehr an Bedeutung gewinnt, auch wenn viele noch die Zuverlässigkeit der Informationen auf Social-Media-Plattformen bezweifeln. Und die Unternehmen werden ihre Aktivitäten in den Social Media Plattformen wie Twitter, Facebook, YouTube und Co. zukünftig noch steigern. Für 43 Prozent der börsennotierten Konzerne gehört Social Media inzwischen fast selbstverständlich zur Unternehmenskommunikation. Welche Konsequenzen dies für das Unternehmen hat und vor allem welche Risiken die Firmen dabei eingehen, wird dabei häufig kaum bedacht. Durch die neuen Netzwerke sind Unternehmen und ihre Produkte immer öfter im Gespräch. Kommunizierte Inhalte - positive wie negative - verbreiteten sich zeitecht in den sozialen Netzwerken und sind dann im Grunde nicht mehr kontrollierbar. Umso problematischer ist es, wenn Unternehmen keine oder nur eine unzureichende Social Media Strategie haben und auch keine Richtlinien für ihre Mitarbeiter, wie mit den Plattformen umgegangen werden soll. Um hier Risiken wie Imageschäden zu vermeiden, sollte die Nutzung von Social Media strategisch im Unternehmen verankert sein. (1), (10)

Social Media Richtlinien für Unternehmen unabdingbar

Die meisten Unternehmen und ihre Mitarbeiter nutzen inzwischen Social Media Plattformen. Nicht nur um zu vermeiden, dass zum Beispiel Unternehmensinterna durch ein unbedachtes Twittern eines Mitarbeiters leichtsinnig ausgeplaudert werden, ist die Entwicklung von Social Media Richtlinien für Unternehmen unabdingbar. Im Vorfeld der Definition der Richtlinien muss geklärt werden, wann und wofür Social Media genutzt werden. Hier sind im Hinblick auf das Unternehmen konkrete Ziele zu definieren. Will man sich einfach "innovativ" präsentieren und strebt eine Imageverbesserung an oder setzt man mit Social Media auf die gezielte Interaktion mit Kunden. Mögliche Ziele sind auch die Neukundengewinnung oder einfach die Steigerung des Bekanntheitsgrads. Um verbindliche Nutzungsrichtlinien zu entwickeln, sollten daher unterschiedliche Abteilungen bei der Entwicklung und Umsetzung einer geeigneten Social Media Strategie eingebunden werden. Dazu gehören natürlich Abteilungen wie Public Relations, Investor Relations und Marketing, daneben sind aber sinnvoller Weise noch Abteilungen wie Personal und Recht einzubeziehen. Gegebenenfalls sollte auch der Betriebsrat gehört werden. Für die Mitarbeiter müssen einheitliche Richtlinien zum verantwortungsvollen Umgang mit Social Media erstellt werden. Die Richtlinien müssen konkrete Nutzungsbedingungen für die Mitarbeiter enthalten und diese müssen den Mitarbeitern durch Schulungen vermittelt werden. Für die Mitarbeiter muss gelten: Kritik ist grundsätzlich erlaubt, sollte aber intern bleiben. Ansonsten sollte es selbstverständlich sein, dass die Belegschaft hinter dem Unternehmen und seinen Produkten steht und dies auch nach außen kommuniziert. Durch den richtigen Umgang mit Social Media können Unternehmen ihre Mitarbeiter sogar gezielt als Fürsprecher im Netz einbinden. Generell gilt: Die Vielfalt der sozialen Medien, ihr ständiger Wandel und ihr rasantes Wachstum erfordern eine Überprüfung der Richtlinien in regelmäßigen Abständen. [(2)](), [(3)](), [(4)](), [(10)]()

Keine Social Media Strategie ohne richtiges Monitoring

Für die Unternehmen ist es sehr wichtig zeitnah zu

erfahren, wie und was über sie und ihre Produkte im Netz kommuniziert wird. Denn immer mehr Kunden achten auf entsprechende Empfehlungen oder Kritik in Foren, Blogs oder sozialen Netzen. Entsprechend wichtig ist es für Unternehmen das Social Media Netzwerk gezielt zu nutzen und über die Kommunikation im Netz ständig auf dem Laufenden sein. Diverse Monitoring-Tools auf dem Markt können hierfür unter Umständen eine sinnvolle Unterstützung sein. (5),(6)

Trends

Personal Branding

Eine konsequente Nutzung von Social Media wird für Führungskräfte immer wichtiger, bieten diese doch eine kostengünstige Plattform zum "Personal Branding", dem Aufbau einer eigenen, persönlichen Marke. Man kann damit intern wie extern unkompliziert kommunizieren, wofür man steht. Um Beziehungen zu nutzen und diese auch zu stärken, kann man sich mit seinen Kontakten jederzeit austauschen. Will man die eigene Person zur Marke zu machen, entwickeln damit die sozialen Medien einen immer größeren Wert. (2)

Fallbeispiele

Diverse IT-Dienstleister unterstützen mit Monitoring-Tools

Das Unternehmen Sensemetric hat mit der gleichnamigen Software ein Social Media Monitoring-Tool entwickelt. Über ein Online-Dashboard erhält der Anwender dabei Zugang zu Scorecards, Sentiments, Kanalansichten, Einzelartikeln oder Trends. Zur Auswahl stehen ein tägliches Monitoring oder Reputationsanalysen. Dabei bietet Sensemetric nicht nur Analysen an, sondern gibt zudem entsprechende Handlungsempfehlungen für die Unternehmen. Das Münchner Unternehmen eCircle stellt mit "eC-social" ein Tool vor, mit dem Unternehmen ihre Aktivitäten im Netz verwalten können. Über das Tool lassen sich zentral Inhalte und Kampagnen über die diversen Plattformen steuern. Dabei wird auch die Reaktion der Nutzer analysiert. Über automatische Nachrichtenfunktionen können die Firmen nachvollziehen, wo und wie über sie oder ihre Produkte geschrieben wird. (5),(6)

Neuer Job: Social Media Manager

Eine neue Weiterbildungsmöglichkeit im Social Media Bereich bietet der zwölfmonatige ILS-Fernlehrgang zum "Social Media Manager" an. Dieser Lehrgang ist der bundesweit erste, staatlich zugelassene Fernlehrgang zu diesem aktuellen Thema. Ziel ist es, die Teilnehmer so auszubilden, dass sie Social Media Maßnahmen für Unternehmen entwickeln und umsetzen können. Lerninhalte sind zum Beispiel strategische Fragestellungen um den Kundendialog oder der Aufbau einer eigenen Web-Reputation. Weiterhin gibt es Einführungen ins Bloggen, Twittern, Podcasting und Networking via Facebook und XING. Aber auch Rechtsfragen, das Social Media Monitoring und das Wissensmanagement im Social Web werden thematisiert. Zum Programm gehören Online-Übungen und Begleitseminare. (7)

Social Media Strategie bei KMU im Handel noch Ausnahme

Das E-Commerce-Center hat zum wiederholten Male die Studie "Internet im Handel" durchgeführt. An der Studie nahmen 1 942 kleine und mittelständische Einzelhandels- und Großhandelsunternehmen und

Handelsvermittlungen teil. Dabei wurde besonders der Frage nachgegangen, ob und in welchem Umfang kleine und mittlere Handelsunternehmen (KMU) Social Media Anwendungen bereits integriert haben. Die Studie zeigt, dass Social Media auch bei KMU im Handel ein aktuelles Thema ist. Jedes Fünfte der befragten Handelsunternehmen nutzt Social Media Anwendungen. Durch die Social Media Nutzung sollen Unternehmensziele wie Imageverbesserung, Interaktion mit Kunden, Neukundengewinnung und Umsatzsteigerung verbessert und erreicht werden. Leider geben viele der Studienteilnehmer an, diese Ziele nur unzureichend oder gar nicht erreicht zu haben. Das liegt an der fehlenden Social Media Strategie: nur 18,7 Prozent der Unternehmen haben eine Strategie entwickelt. (8)

CIO-Magazin stellt Social-Media-Ratgeber vor

Das IT-Wirtschaftsmagazin CIO hat einen Ratgeber "Chancen der neuen Medien nutzen - Risiken für Unternehmen vermeiden" publiziert. Neben Social-Media-Guidelines für Unternehmen gibt der Autor praxisnahe Tipps für die Entwicklung eigener Richtlinien im Umgang mit den verschiedenen Social-Media-Plattformen. Thematisiert wird zudem, wie Unternehmen ihre Mitarbeiter durch den richtigen

Umgang mit Social Media als Fürsprecher des Unternehmens einbinden können. (9)

Weiterführende Literatur

(1) Social Media ist strategisch in Unternehmen verankert / Internationale Studie von DIRK und GfK zu Einstellungen und zum Nutzungsverhalten von sozialen Medien
aus news aktuell, 2011-06-06

(2) Wie Sie Social Media richtig nutzen
aus news aktuell, 2011-06-06

(3) Spielregeln fürs Social Web
aus Allgemeine Hotel- und Gastronomie-Zeitung Nr. 15 vom 09.04.2011 Seite 015

(4) Richtlinien für den Umgang mit Social Media
aus Hamburger Abendblatt, 23.04.2011, Nr. 95, S. 55

(5) Social Media Monitoring
aus "Computerwelt" Nr. 7 / 2011 vom 06.04.2011

(6) Social Media zentral steuern
aus Der Kontakter Nr. 19 vom 09.05.2011, S. 19

(7) Von Experten für Experten: Erster Fernlehrgang zum Social Media Manager gestartet
aus news aktuell, 2011-06-20

(8) Jedes fünfte Handelsunternehmen nutzt Social

Media ohne Strategie Studie "Internet im Handel 2010"
aus Die Tabak Zeitung vom 25.03.2011, Nr. 012/2011

(9) Chancen der neuen Medien nutzen - Risiken für Unternehmen vermeiden: CIO-Magazin bringt Social-Media-Ratgeber heraus
aus news aktuell, 2011-06-09

(10) Social-IR: Eine neue Art von Dialog Spätestens in zwei Jahren gehören Social Media zu den Standard-Instrumenten
aus Börsen-Zeitung, 04.06.2011, Nummer 107, Seite B2

Impressum

Social Media - wie Unternehmen mit dem Phänomen strategisch erfolgreich umgehen

Bibliografische Information der deutschen Nationalbibliothek

Die Deutsche Nationalbibliothek verzeichnet diese Publikation in der deutschen Nationalbibliografie; detaillierte bibliografische Daten sind im Internet über http://dnb.d-nb.de abrufbar.

ISBN: 978-3-7379-1277-8

© 2015 GBI-Genios Deutsche Wirtschaftsdatenbank GmbH, Freischützstraße 96, 81927 München, www.genios.de

Alle Rechte vorbehalten. Dieses Werk ist einschließlich aller seiner Teile – z.B. Texte, Tabellen und Grafiken - urheberrechtlich geschützt. Jede Verwertung außerhalb der Grenzen des Urheberrechtsgesetzes bedarf der vorherigen Zustimmung des Verlags. Dies gilt insbesondere auch für auszugsweise Nachdrucke, fotomechanische

Vervielfältigungen (Fotokopie/Mikroskopie), Übersetzungen, Auswertungen durch Datenbanken oder ähnliche Einrichtungen und die Einspeicherung und Verarbeitung in elektronischen Systemen.